OBSÈQUES

DE MONSEIGNEUR EPIVENT

ÉVÊQUE D'AIRE ET DE DAX

ÉLOGE FUNÈBRE

PRONONCÉ PAR

Mgr DE LANGALERIE

ARCHEVÊQUE D'AUCH

A AIRE & A BUGLOSE

LES 26 ET 27 JUILLET 1876

AUCH

IMPRIMERIE TYPOGRAPHIQUE ADOLPHE THIBAULT

1876

ALLOCUTION

DE

MONSEIGNEUR DE LANGALERIE

ARCHEVÊQUE D'AUCH

AUX OBSÈQUES DE MGR EPIVENT, ÉVÊQUE D'AIRE & DAX

PRONONCÉE DANS LA CATHÉDRALE D'AIRE

Dilexisti justitiam et odisti iniquitatem, propterea unxit te Deus, Deus tuus oleo lætitiæ præ consortibus tuis.

Vous avez aimé la justice et haï l'iniquité, c'est pourquoi Dieu vous a oint d'une huile de joie d'une manière plus excellente que vos compagnons de travaux et d'apostolat. (Ps. XLIV, v.8.)

MESSEIGNEURS (1),
MES FRÈRES,

Il n'est plus ! Nos prières, nos vœux ont été impuissants à prolonger cette existence depuis si longtemps menacée et réclamée par la mort ; et pourtant que de prières et de vœux ! Avec quelle ardeur on les adressait au Maître souverain de la vie et de la mort ! Adorons les desseins de Dieu ! Soumettons-nous humblement ; et, nous rappelant en ce moment solennel les terribles pronostics des premières crises, remercions-le de nous avoir conservé d'une manière inespérée, depuis près de deux ans, cet ami, ce père vénéré.

Vos regrets se manifestent de la manière la plus touchante. Le clergé est venu en grand nombre ; la ville a fourni tout ce qu'elle avait pour témoigner de son deuil et de sa douleur ; les autorités municipales, les chefs des divers services sont accourus ; M. le Préfet lui-même a bien voulu quitter sa résidence ordinaire pour se joindre à cette funèbre fête de famille ; nous nous inclinons avec respect devant les divers représentants de l'autorité civile, en les remerciant tous de leur sympathique concours.

La Province ecclésiastique est représentée tout entière par ses Pontifes, sauf celui d'entre nous à qui son grand âge ne permet plus les longs voyages et les grandes fatigues (2).

---

(1) Monseigneur de Vannes, Monseigneur d'Agen, Monseigneur de Tarbes.
(2) Monseigneur de Bayonne.

La Bretagne nous envoie un de ses plus dignes et de ses plus courageux évêques. Monseigneur d'Agen est venu représenter parmi nous cette belle Province de Bordeaux, avec laquelle Monseigneur Epivent a toujours eu de si nombreuses relations. La marine, qui avait, depuis l'enfance et comme par un legs de famille, toutes ses sympathies, est représentée par un officier, son neveu, et par l'aumônier général, deux Bretons, et deux vrais Bretons eux aussi, comme celui dont nous pleurons la perte.

Je ne m'étonne pas de ces sympathiques et universels regrets; nous l'aimions tous; il était cher à l'Eglise, cher au Souverain-Pontife; il était cher à tous ceux qui aiment les cœurs grands, nobles et bons.

Appelé par ma position et mon titre de Métropolitain, et plus encore peut-être par les liens d'une étroite et vieille amitié, à prononcer quelques mots pour honorer la mémoire du vénérable défunt et répondre à l'attente de ses enfants, j'emprunte au Psaume quarante-quatrième les paroles que vous avez entendues; elles me paraissent rendre ce qu'il y avait de plus caractéristique dans cette puissante et attachante nature. Ces paroles, dans leur sens vrai et naturel, ne sont applicables qu'au Messie, à Jésus-Christ, notre bon et adorable Sauveur. Mais, dans un sens accommodatice, on peut dire des membres sains et entiers ce que l'on dit de la tête et du chef. En vertu de ce principe, nous les croyons admirablement applicables à Monseigneur Epivent, notre cher et vénéré collègue. Oui, il a aimé la justice, il a haï l'iniquité; c'est pourquoi Dieu l'a oint d'une huile de joie, etc.: trois pensées différentes, mais liées entre elles, qui feront le partage et le sujet de cette allocution.

Invoquons, avant de commencer, la protection de Marie, que Monseigneur Epivent a tant aimée; demandons-lui que nos paroles, en faisant mieux connaître le vénérable défunt, soient profitables aux vivants qui vont les entendre.

I. — *Dilexisti justitiam* : « Il a aimé la justice ». — La connaissance et l'amour de ce qui est excellemment juste et bon, il les puisait dans sa foi vive et profonde. C'était vraiment l'application de sa devise : *Fide et caritate,* Foi et amour !

Son tempérament breton, son éducation, faite en face des grandes scènes de la nature, et surtout du spectacle de la mer, l'avaient disposé aux émotions et aux croyances religieuses; mais la grâce de Dieu, l'attrait vers la vocation ecclésiastique, des études théologiques très-sérieuses avaient puissamment développé en lui ce sentiment de foi qui devint l'aliment de sa vie, en lui montrant où devaient être les affections les plus vraies et les plus profondes de son cœur.

Son amour pour la justice et la vertu devait commencer par l'amour envers Dieu et Jésus-Christ. Or, son amour pour Dieu, pour Notre-Seigneur Jésus-Christ se traduisait par la preuve la plus forte, la plus convaincante de l'amour : l'attachement à ses devoirs de piété et à ses devoirs d'état, expression première et essentielle de la volonté de Dieu.

Parcourons rapidement quelques-uns des principaux devoirs et exercices de la piété chrétienne et sacerdotale. Et tout d'abord, quel attachement pour son bréviaire ! Il m'a dit souvent, il a répété à bien d'autres, qu'il ne l'avait jamais omis de sa vie. Tous ceux qui l'ont connu plus intimement, tous ceux même qui ont pu le voir pendant une seule journée ont été témoins de l'empressement avec lequel il s'acquittait de cette obligation sacrée, dès que l'heure où il était possible de l'accomplir était venue. Ce n'est que l'avant-veille de sa mort qu'il a été forcé de laisser la lecture de son bréviaire; c'était pour lui l'épée du combat; il a fallu le froid de la mort pour la faire tomber de ses mains.

La messe, l'auguste sacrifice de la messe, était aussi pour lui un exercice auquel il ne consentit jamais à renoncer que dans le cas d'impossibilité absolue. Après son oraison, la messe était la première action de sa journée, et le jour pour Monseigneur Epivent, été comme hiver, commençait avant quatre heures. Le Diocèse a su, avec une édification profonde sans doute, mais sans étonnement, qu'aux premières atteintes du mal, se croyant mortellement frappé et pensant qu'il n'aurait plus que quelques heures à vivre, il voulut encore dire la sainte messe avant de recevoir l'Extrême-Onction. Il aurait pu tomber, comme d'autres saints prêtres et saints évêques, pendant le divin sacrifice.

Le Seigneur garda quelque temps encore sa victime, afin de mieux la préparer. Il la cloua sur son lit de souffrance comme sur une croix et l'y riva pendant deux ans. Toutefois, l'auguste malade pouvait dans les premiers temps se lever quelques heures, et il en profitait pour célébrer le divin sacrifice; et quand cette consolation lui fut refusée, il voulut au moins entendre chaque jour la messe et y communier de la main de l'ami fidèle et dévoué qui ne l'a pas délaissé un seul jour pendant sa longue maladie.

Les autres exercices de piété, tels que l'oraison, le chapelet, les pieuses lectures, tenaient une place d'honneur et toujours réservée dans ses pratiques quotidiennes, témoignage assuré de sa foi, de sa dévotion et de son amour.

Après l'accomplissement des devoirs de piété, celui des devoirs d'état, et en particulier de nos obligations envers les âmes qui nous sont confiées, est la marque la plus sûre de notre amour pour Dieu.

Il abandonnait tout pour s'acquitter de ces devoirs, et il s'en acquittait avec la plus constante fidélité. Lui, l'homme d'étude et de lectures savantes, variées, approfondies, il savait être missionnaire à son heure et n'être que cela. Ses visites pastorales l'ont montré plusieurs fois sur tous les points de son vaste Diocèse; il n'y avait pas de distance qu'il ne franchît; et, au besoin, il l'eût fait à pied, en Breton qu'il était, avec la rapidité qu'il mettait à ses mouvements, surtout quand son cœur était de la partie. Et son cœur y était toujours, lorsqu'il s'agissait du service des âmes. Il se donnait tout à tous : son ministère, sa parole, son temps, il sacrifiait dans les tournées tout ce qu'il avait pour le mettre au service du prochain.

Si, dans sa retraite d'Aire, il vivait plus retiré, se prodiguait moins, passait des journées entières dans sa bibliothèque ou son cabinet de travail, abeille diligente, il n'oubliait pas la ruche et il travaillait pour elle. Il recueillait alors, aux dépens de sa santé, qui aurait eu besoin d'exercice et de loisir, il recueillait dans ses livres et ses méditations ce miel si abondant, si doux, si parfumé que l'on trouve dans ses nombreuses Lettres pastorales. Et là, mes Frères, comme il vous presse ! comme il vous exhorte au bien ! comme il vous instruit ! comme il vous aime !

Un sujet revenait chaque année sous sa plume avec des considérations toujours variées, des détails toujours nouveaux : c'était la grande Œuvre de la Propagation de la Foi. Son amour et son zèle pour les âmes trouvaient là un champ sans limite, comme un océan à parcourir ; et, pendant ses quinze ou seize ans d'épiscopat, il l'a exploré et approfondi comme jamais Evêque ne l'a fait avant lui. Son Diocèse le soutenait sans doute par l'admirable dilatation que la grande Œuvre y a trouvée dans tous les cœurs ; mais lui-même, que n'a-t-il pas fait pour encourager et favoriser ce magnifique mouvement, cette admirable expansion ! Son dernier écrit, son dernier Mandement a été pour l'Œuvre de la Propagation de la Foi ; et les martyrs dont il nous raconte la noble attitude en face de leurs juges et de leurs bourreaux étaient ses propres modèles en face de la souffrance et de la mort.

L'amour de Dieu, l'amour de Jésus-Christ, l'amour des âmes, ce qu'il y a de plus noble, de plus pur dans l'amour de la justice, surtout pour un Evêque, pressait son cœur, dirigeait et inspirait sa plume, enflammait sa parole.

Il a aimé la Sainte-Vierge... Cet amour de Marie était sa grande espérance pour une heureuse éternité; il a été une des grandes consolations de ses derniers jours. Il n'est peut-être pas un évêque au monde qui ait fait pour l'honneur de Marie les sacrifices que s'est imposés Monseigneur Epivent. Vous l'avez vu au milieu des plus humbles paroisses, dans ses tournées, faisant la quête pour la restauration des sanctuaires de Marie. Il ajoutait ainsi, aux grandes fatigues que donne une visite de Confirmation, l'extrême fatigue d'une quête au milieu de foules nombreuses et pressées, à travers les bancs et les chaises. Je ne serais pas étonné que cet acte de dévouement, répété des milliers de fois, n'ait contribué à altérer sa robuste constitution et n'ait abrégé sa vie. Mais il n'écoutait dans ces circonstances que son dévouement et son amour pour Marie. Et, sou par sou, jour par jour, il ramassait les sommes destinées à relever de leurs ruines quelques-uns des sanctuaires consacrés à la Sainte-Vierge, en particulier celui de Maylis, qui lui était si cher.

Il aimait la sainte Eglise, dont il était le pontife; il aimait le Pontificat suprême, principe de sa force, de son infaillibilité, et centre de son unité. Il en parlait constamment et avec toute la vivacité, toute l'émotion que donne le plus vif, le plus tendre attachement. Hélas! nous n'entendrons plus sa parole! Mais ses écrits témoigneront éternellement de sa foi et de son amour pour ces grandes et saintes choses. Il y a mis toute son âme et toute la puissance de son talent. Les écrits de Monseigneur Epivent sont de ceux qui restent et qu'on aime à relire, parce qu'à la richesse du fond ils joignent l'intérêt, la beauté, le charme de la forme. Ils rediront toujours quels furent, dans cette âme si vraiment épiscopale, l'amour de la sainte Eglise, le dévouement au Souverain-Pontife, son énergique attachement aux priviléges sacrés du Siége apostolique.

Après avoir parlé de son amour pour des choses si nobles, si relevées, si surnaturelles, est-il convenable que je m'arrête à vous entretenir de son affection pour ses amis et de celle qu'il inspirait lui-même à tous ceux qui avaient le bonheur de le connaître et de l'approcher? Et pourquoi non? N'était-ce pas toujours le même principe surnaturel qui vivifiait, purifiait, élargissait toutes les affections de son cœur? Comme il était sensible à la moindre marque d'attention! Comme il remerciait avec effusion! Quelle joie pour lui de recevoir quelques hôtes dans son palais, habituellement un peu solitaire ! Et quand ces hôtes venaient de loin, quand surtout ils lui rappelaient ou sa chère et honorable famille, ou sa Bretagne, ou mieux encore son ancienne paroisse, sa joie expansive ne savait que faire, qu'imaginer pour témoigner sa satisfaction à ceux qui lui procuraient tant de bonheur. Il restait fidèle à ses amis, et ses amis à leur tour ne pouvaient plus l'oublier et ne pas l'aimer. N'avez-vous pas vu chez lui, dans ces derniers temps, une famille entière du patriciat romain, chez laquelle il avait trouvé pendant le Concile la plus noble hospitalité, venir lui témoigner, par une visite spéciale et pleine d'abandon, qu'elle se regardait comme son obligée, tant le Prélat avait su conquérir son estime et son affection ?

Oui ! oui ! c'était bien un cœur de Breton passionné pour tout ce qui est vrai, juste et bon, ayant faim et soif de la justice, mais un cœur de Breton fait chrétien, fait Evêque et trouvant dans la grâce du Baptême et de l'Episcopat une nouvelle source d'amour et de sainte passion pour la justice : *Dilexisti justitiam*. Oui, cher et vénérable ami, autant que notre pauvre jugement humain peut le connaître et l'apprécier, vous avez vraiment aimé la justice et la vertu, toutes les nobles et saintes choses que rappellent ces deux mots ; mais aussi vous avez haï l'iniquité : *Et odisti iniquitatem*.

II. — Monseigneur Epivent haïssait l'iniquité avec ces tempéraments, cette indulgence envers les personnes que proclame la loi de l'Evangile. Dans cette parole si expansive, si preste, imagée comme ses écrits, il était difficile de surprendre un seul mot qui eût pu être désobligeant pour qui que ce fût, même pour les pervers et les méchants. Il se contentait de haïr et de poursuivre l'iniquité d'une manière tout impersonnelle, si je puis m'exprimer ainsi ; et avec quelle vivacité, quelle énergie, quel oubli de lui-même ! Non-seulement tout ce qui ressent la bassesse, la duplicité, le mensonge, révoltait son âme ; mais toute espèce de mal, tout ce qui avait l'apparence du mal, il le repoussait, il le condamnait, il le flétrissait. Son caractère bien connu, sa brillante manière d'écrire, d'autres circonstances encore lui permettaient de parler avec une vivacité de langage, une liberté d'allure que tous n'auraient pu imiter ; il semble même qu'en avançant vers son éternité, il se sentait plus d'indignation au cœur contre le mal et plus de sainte passion à le poursuivre. Les atermoiements religieux avec lesquels certains catholiques, dupes de fatales illusions, cherchent à écarter l'Eglise de la société civile et politique, à faire comme deux personnages différents du croyant et du citoyen, à séparer l'Eglise de l'Etat, il les a flétris et condamnés. Les atermoiements politiques eux-mêmes, en face de la patrie en deuil et des partis si tristement divisés, il a eu le courage de les condamner, sinon tout à fait comme docteur et chef spirituel, au moins comme patriote et comme Français. Les agissements ténébreux de la Franc-Maçonnerie, cette Internationale d'en haut et des classes lettrées, il les a démasqués publiquement, il les a dénoncés, il les a flétris; ç'a été là un de ses derniers actes; et son âme, navrée de tout ce qu'il voyait, de tout ce qu'il pressentait, de tout ce qu'il craignait, nous a révélé ses préoccupations les plus vives dans ce bel écrit intitulé : *la France d'aujourd'hui et la France d'autrefois.*

Mais ce n'était pas là le chant du cygne. Il le réservait pour vous, mes très-chers Frères, pour son Diocèse bien-aimé; son dernier chant devait être celui de l'amour, de la confiance et de la joie, car pour lui comme pour le divin Maître, en ne donnant aux paroles sacrées que le sens restreint qui convient aux simples disciples, l'amour de la justice devait dépasser dans son cœur la haine contre l'iniquité, puisque cet amour était le principe même de cette haine. Or, si le sentiment de l'amour était le principal et le dominant, il devait amener et produire dans cette âme droite, pure et sereine, un état habituel de joie et d'expansion communicative : *Propterea unxit te Deus, Deus tuus oleo lætitiæ.*

III. — C'est là, mes Frères, le troisième trait saillant et profondément marqué de cette figure épiscopale, que je ne dois songer en ce moment qu'à esquisser rapidement, sans y mettre les reflets et les nuances, les lumières et les ombres. Il avait la joie du juste et du chrétien, dans une nature expansive et qui ne ressentait rien à demi. Il était plein d'entrain et de joyeuse amabilité. Il était impossible de l'entendre sans que sa parole, pleine de saillie et de bonne humeur, provoquât le sourire, et souvent même l'hilarité la plus vive. On pouvait être étonné quelquefois, on aurait pu y trouver de l'exubérance; mais, quand on le connaissait, rien ne paraissait faire un contraste choquant avec son caractère sacré, ses habitudes de travail sérieux et presque continu. On riait simplement et de bon cœur, parce que chez lui tout ce qu'il disait, non-seulement laissait intacts tous les sentiments nobles, purs et délicats, mais venait évidemment de cette paix intérieure, de ce calme parfait où l'établissaient pour le présent et l'avenir son amour de Dieu et sa confiance en lui, sa dévotion très-particulière envers la Très-Sainte-Vierge et son désir de faire plaisir au prochain. Je me rappelle en particulier tout ce qu'il imaginait, un jour de navigation orageuse sur la Méditerranée, pour égayer un peu les passagers, moins familiers que lui avec le perfide élément, perfide si souvent pour ceux-là mêmes qu'il n'engloutit pas; sa verve et son entrain étaient intarissables.

Il a conservé cette disposition d'esprit, cette gaieté de paroles jusque sous les étreintes terribles du mal, jusque dans les bras de la mort, pour ainsi dire. A une de mes dernières visites, il me disait, en me montrant son crucifix, ses statuettes de la Sainte-Vierge, de saint Joseph et de saint Vincent de Paul, que c'étaient là ses points de rappel pour parler à Dieu et supporter son mal avec plus de patience; il me montrait aussi une *Vie des Saints,* en me disant : « Voilà désormais ma seule lecture »; mais il trouva encore des mots dont la gaieté faisait contraste avec les traits si souffrants, si altérés de sa physionomie.

Peut-être a-t-il excédé quelquefois, car il s'était reproché à lui-même ce qui pouvait paraître trop exubérant dans ses gestes et ses paroles. Rien n'était amusant comme de lui entendre raconter l'histoire d'une conversion, dans laquelle il avait voulu mettre ordre à cette préoccupation de conscience. C'était à la suite d'une retraite pastorale : désormais, son pas ne devait plus avoir que vingt ou trente centimètres, au lieu de soixante ou même quatre-vingts ; l'escalier du pauvre et du malade devait être monté degré par degré, au lieu d'être gravi par rapides enjambées; le rire ne devait plus être provoqué, mais il fallait attendre qu'il vînt des autres,... et mille détails de ce genre. La contrainte dura deux jours. Seul, ou dans un couvent, il aurait pu tenir bon; mais il était curé alors, et l'étonnement, la désolation de sa paroisse, qui le croyait malade ou préoccupé de quelques grands chagrins, lui firent consulter son confesseur, lequel lui répondit de reprendre ses allures, mais d'être fidèle à Dieu et aux âmes.

Même avec cette décision, je ne voudrais pas encore tout justifier dans mon cher et vénérable ami; mais Dieu, qui voyait la pureté de ses intentions; Dieu, qui l'aimait plus encore qu'il n'en était aimé ; Dieu, qui lui donnait par la foi et l'amour le principe de cette joie si grande, si expansive, que tous remarquaient en lui, a voulu le rendre plus particulièrement sien, dans la dernière étape de sa vie.

C'était Dieu qui au fond était le principe de sa joie, c'est *son Dieu* qui lui a donné cette huile exquise de joie qui peut le signaler d'une manière si excellente au milieu de ses compagnons de travaux et d'apostolat : *Propterea unxit te Deus, Deus tuus.*

Et qu'a fait Dieu pour cela? Comment a-t-il changé et purifié cette huile de joie, qui laissait peut-être paraître quelquefois un peu de terrestre mélange? Il l'a purifiée avec le vin de la souffrance et du sacrifice. Nous lisions hier, à l'occasion de la fête de saint Jacques, le mot du Sauveur aux deux fils de Zébédée : « Pouvez-vous boire mon calice? » Dieu a fait entendre ces paroles à notre cher et vénéré défunt; celui-ci sembla hésiter tout d'abord; il demandait que le sacrifice fût rapidement accompli; il aurait voulu mourir, il lui semblait à chaque grande solennité, à l'arrivée d'une fête de saint plus particulièrement aimé, que Dieu allait l'appeler à Lui : et il a dû supporter deux ans de souffrance et d'agonie! Quand nous venions à Aire, nous admirions la patience de notre ami, mais nous admirions aussi les miséricordes de Dieu envers lui. S'il y avait eu quelques imperfections dans ses manières et son langage, comme Il les lui faisait miséricordieusement et paternellement racheter! Ses pauvres jambes! leurs mouvements n'avaient-ils pas été quelquefois trop rapides? Les voilà maintenant immobiles et ne lui donnant d'autres sensations que celles de la douleur. Ses mains et ses bras n'avaient-ils pas eu des gestes d'une vivacité trop grande, trop saccadée? Pauvres mains! elles étaient si enflées qu'il pouvait à peine les soulever. Son esprit restait toujours clair, toujours ferme, toujours serein, toujours avec une pointe d'entrain et de gaieté; mais comme il s'observait, quels touchants scrupules lui arrivaient quelquefois et lui faisaient consulter ceux qui l'entouraient pour savoir d'eux s'il ne serait pas allé trop loin! On pouvait être attendri dans ces circonstances, et les larmes se mêlaient au sourire, car l'action de Dieu paraissait visible dans ce travail de sanctification et d'épuration en faveur de son serviteur et de son enfant.

Permettez-moi un dernier détail sur ces maternelles attentions de la Providence pour dégager l'âme de ce juste, de ce fidèle et loyal serviteur, du plus petit mélange de terrestres misères ou d'humaines imperfections; je l'avais entendu intarissable de verve et de malice sur le compte de la médecine et des médecins : et je ne ne vais pas le voir qu'il ne rendît hommage avec effusion aux soins si empressés, si intelligents du docteur qui le visitait pendant sa maladie. C'eût été le cas de lui rappeler la parole de l'Ecriture : *Honora medicum, propter necessitatem.* « Monseigneur, il faut honorer les médecins, ils sont nécessaires ». Mais ce mot aurait pu paraître une leçon lui reprochant ses anciennes malices.

Oh! quelle école de perfection pour notre vénérable Evêque que cette longue et cruelle maladie! Que de foi, de piété et d'amour il a montré! Et si quelque faute a pu échapper à sa faiblesse pendant sa vie, avec quelle angélique patience il a payé sa dette ici-bas à la justice divine! Il est toujours resté le même en s'améliorant toujours; et sa joie des derniers temps et sa vie presque des derniers instants, pour avoir été plus réservées, n'en étaient pas moins confiantes, moins expansives. Le doux sourire du Ciel remplaçait de plus en plus le rire de la terre.

Voilà votre Evêque, mes très-chers Frères, tel que nous l'avons connu, tel que nous l'avons aimé ; le voilà, si je ne me trompe, tel que vous l'avez connu et aimé vous-mêmes.

Priez pour lui comme il priera pour vous ; demandez à Dieu avec lui qu'un digne successeur, qui le remplace et le continue, lui soit donné ! Mais, quel que soit le successeur, il ne vous fera pas oublier le Pasteur, l'ami, le Père que vous avez perdu. Son souvenir restera profondément gravé dans vos cœurs, et ses exemples vous serviront d'encouragement à la vertu, à l'amour, à la pratique de la justice et à l'horreur de tout ce qui est mal et vraiment digne de blâme.

Jouissant de la paix de la conscience, nous pourrons comme lui sourire à la vie, sourire surtout à la souffrance et sourire à la mort.

Nous le retrouverons un jour dans les joies éternelles et sans mélange de la patrie. Pleins de cette espérance, ce n'est pas un adieu que nous lui adressons en présence de ses mortelles dépouilles, c'est un mot plus cher encore et plus doux : Au Ciel ! cher et vénérable ami ; au Ciel ! oui, à revoir au Ciel ! — *Amen !*

PAROLES

DE

MONSEIGNEUR DE LANGALERIE

AUX OBSÈQUES DE MONSEIGNEUR EPIVENT

A BUGLOSE

N. T. C. F.,

La fatigue et la souffrance ne nous permettent de vous adresser que quelques mots. Hier, à Aire, nous avons cherché à peindre votre Evêque, notre vénérable et regretté défunt, comme nous l'avions connu et aimé. Aujourd'hui, nous le laisserons devant vous se peindre lui-même dans un de ses plus touchants écrits : on peut bien l'appeler son testament et son chant d'adieu.

M. l'Archiprêtre d'Aire, sur la prière de Mgr de Langalerie, veut bien donner lecture du passage suivant du dernier Mandement de Mgr Epivent :

O prêtres ! achevez notre remontrance, qui dépasse déjà la limite que Nous croyions possible à notre faiblesse. C'est qu'une voix intérieure Nous dit, N. T. C. F., que Nous vous écrivons pour la dernière fois, et un souffle du cœur emporte notre plume, alors même qu'elle n'en peut plus, à la pensée qu'un vent de mort va l'enlever sans retour de nos doigts. Mais ne croyez pas, N. T. C. F., que Nous cherchions ici à exciter une sensibilité qui serait peu chrétienne et nullement sacerdotale. C'est à Nous plus qu'à tout autre que l'Esprit-Saint dit, au moment des séparations dernières : *Esto vir,* sois un homme. L'Eglise a même réglé depuis longtemps comment un Evêque doit mourir. Autant il l'emporte en dignité sur les autres, dit le cérémonial de Clément VIII, autant il doit mettre de zèle à terminer louablement le dernier acte de sa vie.

Il doit d'abord mettre sa volonté en conformité parfaite avec celle de Dieu qui le rappelle. *Voluntati divinæ adhæreat !* Il doit ensuite recevoir les Sacrements communs à tous les heureux fidèles qui meurent dans le Seigneur, et, à ce moment, l'Eglise exige qu'il fasse la profession publique et solennelle de sa foi catholique, apostolique et romaine. Mais il est un dernier devoir qui Nous est aussi prescrit et que Nous voudrions pouvoir remplir à genoux devant tous et chacun de vous, ô nos bien-aimés prêtres et fidèles : c'est de vous demander pardon des négligences et imperfections qui ont si souvent terni la sainteté de notre apostolat ; pardon des offenses, chagrins ou déplaisirs que Nous avons pu vous occasionner dans nos rapports divers de quinze années. Nous implorons ici ce pardon, N. T. C. F., en Nous recommandant, vif ou mort, aux prières de l'amour filial que vous Nous avez constamment témoigné.

En retour, N. T. C. F., recevez nos bénédictions pleines d'une amoureuse tristesse. *Si l'on a déjà fait sur moi les libations dernières, si le temps de ma dissolution est proche* (1), *si j'attends que m'apparaisse sous peu la gloire du grand Dieu et de notre Sauveur Jésus-Christ* (2), *quelle est notre espérance, notre joie et notre couronne de gloire?* N'est-ce pas vous, ô nos *bien-aimés devant le Seigneur et en sa venue* (3)? N'est-ce pas cette sainte Eglise d'Aire et de Dax, avec ses Madones, dont l'une, je l'en supplie, bercera dans ses bras de mère mon sommeil de la tombe, jusqu'au jour du réveil général; avec son saint Vincent de Paul qui a bâti sous mes yeux un palais à l'indigence, à la place où fut son berceau; avec ses monastères que Nous avons admirés, dès notre arrivée, comme des émeraudes à sa couronne, et ceux qui sont venus s'y ajouter depuis : les religieux de Poyanne, les trappistes de Divielle, les dominicaines de Dax, filles angéliques que Nous recommandons tout spécialement à la foi généreuse des fidèles.

Sous la protection de cette nuée de témoins, je me dégage de tout ce qui appesantit, je cours par la patience au combat (4), comme l'Eglise appelle le dernier moment de la vie. Et, quand le combat sera fini, je lèguerai ma foi et mon amour aux anges gardiens de ma chère Eglise; je les enverrai souvent de leur paradis redire à ces prêtres et à ces fidèles, que j'ai tant aimés, cette parole qui sera mon dernier souhait dans ce monde et ma prière incessante dans l'autre : Bénédiction, confiance, fidélité au rendez-vous que je vous donne à tous dans les Cieux.

Je me doutais bien, N. T. C. F., que vous ne pourriez entendre ces paroles de votre Evêque mourant sans un profond attendrissement; moi-même, qui avais dû déjà les relire plusieurs fois, je n'ai pu les entendre sans la plus vive émotion.

Oh! vous n'oublierez pas cette leçon suprême.

Cher et bon Archiprêtre de Saint-Brieuc (5), qui l'avez vu de si près et pendant tant d'années, puisque vous avez été son vicaire avant d'être son successeur, connaissiez-vous cette émouvante page? Ne le retrouvez-vous pas, dans ces lignes inspirées par le cœur, tel que vous nous le représentiez hier, dans une conversation intime, avec un sentiment si vrai, si profond de reconnaissance et d'affection? Ah! vous redirez à vos chers paroissiens quelles touchantes et magnifiques obsèques ont été faites à leur ancien pasteur; vous leur direz qu'il était aimé ici comme ils l'aimaient eux-mêmes.

---

(1) II. Tim. IV. 6. — (2) Tit. II. II. 13. — (3) I. Thess. II. 19. — (4) Hebr. XII. I. — (5) C'est M. l'Archiprêtre de Saint-Brieuc qui avait célébré l'office.

Vous avez vu hier les témoignages de respect et d'affection du clergé et des fidèles de l'ancien diocèse d'Aire; aujourd'hui, c'est l'ancien diocèse de Dax qui est représenté par son clergé et par de nombreux fidèles pris dans tous les rangs de la société.

Que n'avez-vous pu suivre la marche du cortége funèbre dans les paroisses qu'il a traversées d'Aire à Buglose? Vous auriez compris quelle est l'unanimité des sentiments d'affection et de regrets!

Oui, mes frères, vous gardez envers votre Evêque ce culte des morts que vous pratiquez si bien et d'une manière si touchante envers les parents et les amis que vous avez perdus!

Vous serez fidèles à ses derniers avis; cet *esto vir,* « sois un homme », qui retentit dans les dernières paroles de votre Evêque comme le cri de la sentinelle au moment où elle va être relevée et partir, vous ne l'oublierez pas. On n'est un homme, et surtout un homme ferme de cœur, qu'à la condition de remplir courageusement et chrétiennement tous ses devoirs.

Le clergé restera fidèle à l'esprit qui l'anime, et que favorisait la paternelle administration du vénéré Prélat. Il est formé de deux éléments; Mgr Epivent les nomme, ses obsèques les mettent pour ainsi dire en regard : Aire et Dax. Ce sont deux frères, n'ayant que l'émulation du bon esprit, du zèle, du dévouement.

Clergé et fidèles répondront aux invitations de leur bien-aimé Pasteur : ils prieront pour lui; ils s'associeront aux prières qu'il demande lui-même d'une manière si touchante; ils profiteront des grâces que le Pontife leur promet de là-haut. Et une de leurs premières et grandes préoccupations pendant ces premiers jours sera de prier pour que Dieu donne à Mgr Epivent un digne successeur.

Nous comprenons que le vénéré défunt ait choisi Buglose pour y faire placer sa dépouille mortelle. Elle n'y sera pas seulement bercée, comme il le dit, par les mains maternelles de Marie jusqu'au réveil du dernier jour; elle y est placée sous la garde des bons Pères missionnaires, chez qui nous venons de faire, ainsi que les personnes de notre suite, et dans des circonstances pénibles, l'expérience de la plus empressée et de la plus cordiale hospitalité. Ils prieront pour leur saint Evêque, auquel ce sanctuaire et la maison des Missionnaires doivent tant d'améliorations! Les nombreux pèlerins de Buglose viendront aussi s'agenouiller et prier près de sa tombe.

Entrez donc dans votre repos et que l'asile donné à votre dépouille soit l'image de celui qu'aura déjà trouvé votre âme!

Vous aviez réclamé la protection de la Sainte-Vierge, et vous avez rendu le dernier soupir au jour qui lui est consacré, et vos obsèques ont eu lieu dans votre cathédrale le jour de la fête de sainte Anne, patronne spéciale de la Bretagne, à laquelle vous étiez vous-même si tendrement dévoué.

Un de vos plus illustres compatriotes, Chateaubriand, dont vos écrits rappellent souvent les plus brillantes pages, a voulu être enterré sur un rocher battu par la mer. Cette tombe est l'image du génie humain en face de l'immensité ! Mais vous, ô notre ami ! après avoir traversé vaillamment les flots de la mer orageuse de la vie, vous avez rêvé le port, et vous avez demandé à l'Etoile de la mer de veiller sur votre dépouille. Une autre immensité que celle d'ici-bas s'ouvre pour votre âme sous les auspices de l'auguste Reine des Cieux : c'est le sein de Dieu même, c'est l'éternel et l'infini dont vous avez mérité, par vos travaux, vos prières, votre foi, votre charité, de contempler éternellement les splendeurs. *Amen.*

Auch. — Typ. A. Thibault.